व्याकरण प्रवेश

श्यामचन्द्र कपूर

विद्या विहार, नई दिल्ली-२

प्रकाशक : **विद्या विहार**
१९, संत विहार (पहली मंजिल) गली नं. २, अंसारी रोड, नई दिल्ली–११०००२
 / संस्करण : २०२४ / मूल्य : दो सौ रुपए
मुद्रक : नरुला प्रिंटर्स, दिल्ली
ISBN 978-93-86871-15-2

VYAKARAN PRAVESH
by Shri Shyam Chandra Kapoor ₹ 200.00
Published by **VIDYA VIHAR**, 19, Sant Vihar (First Floor), Street No.2, Ansari Road, New Delhi-2

अनुक्रम

पाठ—१

व्याकरण

व्याकरण

व्याकरण उस विद्या को कहते हैं, जिससे हम भाषा को शुद्ध बोलना तथा लिखना सीखते हैं।

भाषा

भाषा उस साधन का नाम है, जिससे हम बोलकर या लिखकर अपने विचार प्रकट करते हैं। जैसे—हिन्दी भाषा, अंग्रेजी भाषा, मलयालम भाषा, पंजाबी भाषा, तमिल भाषा आदि।

भारत की मुख्य भाषाएँ

भारत में बहुत-सी भाषाएँ बोली जाती हैं। इनमें से मुख्य भाषाएँ १६ हैं। ये १६ भाषाएँ संविधान में भारत की मुख्य भाषाएँ मानी गई हैं—

१. हिन्दी, २. उर्दू, ३. काश्मीरी, ४. डोगरी,

५. पंजाबी, ६. असमी, ७. बंगला, ८. उड़िया, ९. मराठी, १०. गुजराती, ११. तमिल, १२. तेलुगु, १३. कन्नड़, १४. मलयालम, १५. संस्कृत, १६. सिंधी ।

भारत की राष्ट्रभाषा

भारत की राष्ट्रभाषा हिन्दी है ।

वाक्य

भाषा वाक्यों से बनती है । वाक्य के द्वारा ही हम बोलकर या लिखकर अपने विचार प्रकट करते हैं !

एक से अधिक शब्दों का समूह, जो पूरा अर्थ प्रकट करे, वाक्य कहलाता है ।

वाक्य में दो बातें अवश्य होती हैं । पहली यह कि उसमें एक कर्ता होता है और एक क्रिया । दूसरी बात यह कि वाक्य किसी पूरे अर्थ को प्रकट करता है ।

जैसे—बालक पढ़ता है । बालिका लिखती है ।

शब्द

वाक्य शब्दों से बनते हैं ।

वर्णों के सार्थक समूह का नाम शब्द है ।

जैसे—राम, दिल्ली, जाता है, यदि, हम इत्यादि ।

वर्ण

उस छोटी से छोटी ध्वनि को वर्ण कहते हैं जिसके टुकड़ न हो सकें ।

जैसे—अ, क्, च्, छ् इत्यादि । वर्ण को अक्षर भी कहा जाता है ।

वर्णों के भेद

वर्णों के दो भेद हैं—१. स्वर, २. व्यंजन ।

स्वर

जो वर्ण दूसरे वर्णों की सहायता के बिना बोले जाएँ, वे स्वर कहलाते हैं। स्वर ११ हैं—

अ आ इ ई उ ऊ ऋ ए ऐ ओ औ

ह्रस्व स्वर—अ इ उ ऋ ह्रस्व अर्थात् छोटे स्वर हैं ।

दीर्घ स्वर—आ ई ऊ ए ऐ ओ औ दीर्घ अर्थात् बड़े स्वर हैं ।

व्यंजन

जो वर्ण स्वरों की सहायता के बिना नहीं बोले जाते, वे व्यंजन कहलाते हैं ।

व्यंजन ३३ हैं—

क	ख	ग	घ	ङ
च	छ	ज	झ	ञ
ट	ठ	ड	ढ	ण
त	थ	द	ध	न
प	फ	ब	भ	म
	य	र	ल	व
	श	ष	स	ह

व्यंजनों का असली रूप क् ख् च् य् आदि है। परन्तु इनमें अ मिलाकर इन्हें क ख च य आदि लिखा जाता है।

अनुस्वार और विसर्ग

स्वरों तथा व्यंजन के सिवा दो चिह्न और हैं जो क्रम से अनुस्वार और विसर्ग कहलाते हैं। ये या तो स्वरों पर लगाये जाते हैं या स्वर सहित व्यंजनों पर। जैसे—आंख, ईंधन, संत, कंठ, अतः, प्रातः इत्यादि।

मात्रा

स्वरों के जो चिह्न व्यंजनों से मिलाकर लिखे जाते हैं, वे मात्रा कहलाते हैं। मात्रा इस प्रकार हैं—

अ	आ	इ	ई	उ	ऊ	ऋ	ए	ऐ	ओ	औ
—	ा	ि	ी	ु	ू	ृ	े	ै	ो	ौ

कक्षा का काम

१. व्याकरण किसे कहते हैं ?
२. भारत की राष्ट्रभाषा का क्या नाम है ?
३. वाक्य किसे कहते हैं ? एक उदाहरण दो ।
४. शब्द किसे कहते हैं ? एक उदाहरण लिखो ।
५. वर्ण किसे कहते हैं ? एक उदाहरण दो ।
६. स्वर किसे कहते हैं ? वे कितने और कौन-कौन से हैं ?
७. व्यंजन किसे कहते हैं ? वे कौन-कौन से हैं ?
८. अनुस्वार और विसर्ग वाले दो-दो शब्द लिखो ।
९. भाषा किसे क़हते हैं और उसका कितने प्रकार से प्रयोग होता है ?

पाठ—२

वाक्य

नीचे लिखे वाक्यों को पढ़ो—

अशोक (बालक) भुट्टा खा रहा है।	रीता दूध पी रही है।	दो बैल हल चला रहे हैं।	बिल्ली धूप में बैठी है।

क	ख
१. भुट्टा अशोक रहा है खा।	अशोक भुट्टा खा रहा है।
२. दूध रही पी रीता है।	रीता दूध पी रही है।
३. दो हैं रहे चला बैल हल।	दो बैल हल चला रहे हैं।
४. है में बैठी बिल्ली धूप।	बिल्ली धूप में बैठी है।

क के नीचे जो शब्दों के समूह हैं, उनसे किसी अर्थ का पता नहीं चलता।

ख के नीचे जो शब्दों के समूह हैं, उनसे पूरे अर्थ का पता चलता है।

हमने जाना—दो या अधिक शब्दों के समूह को वाक्य कहते हैं, जिससे ठीक अर्थ पता चले ।

१. वाक्य में कम से कम दो शब्द अवश्य होनें चाहिए ।

२. उससे पूरा ठीक अर्थ पता चलना चाहिए ।

इन शब्दों को देखिए—

१. पशु

२. पक्षी

३. अशोक

४. मोर

ऊपर के शब्दों से कोई पूरा अर्थ नहीं प्रकट होता । इनसे हमें पता नहीं चलता कि उनके बारे में क्या कहा जा रहा है । इसलिए ये वाक्य नहीं । इन्हें वाक्य बनाने के लिए हमें कहना होगा—

१. पशु घास चर रहे हैं ।

२. पक्षी उड़ते हैं ।

३. अशोक हँसता है ।

४. मोर नाचता है ।

कुछ अन्य वाक्य देखिए (इनसे पूरे अर्थ का पता चलता है)—

१. हमारा देश भारत है ।

२. भारत की राजधानी दिल्ली है ।

३. अतुल पुस्तक नहीं पढ़ रहा ।

४. राधा चतुर बालिका है ।

५. गाय हमें दूध देती है ।

६. लता गाना गाती है ।

७. सूर्य चमकता है ।

८. तुम बैठ जाओ ।

कभी-कभी एक-एक शब्द का भी वाक्य देखने में आता है ।

जैसे—

१. आइए ।

२. चुप ।

३. कहिए ।

४. चलो ।

५. आई ।

६. बैठिए ।

७. बोलो !

८. लीजिए ।

मौके पर इनसे पूरा अर्थ पता चलता है । परन्तु असल में इनमें से कुछ शब्द छोड़ दिये होते हैं ।

जैसे—

१. (आप) आइए ।

२. (अरे) चुप ।

३. (आप) कहिए ।

४. (आओ) चलो ।

५. (मैं) आई ।

६. (आप) बैठिए ।

७. (तुम) बोलो ।

८. (आप) लीजिए ।

कक्षा का काम

१. नीचे तीन खाने हैं—क ख और ग। क में शब्द पढ़ो। ग में से उचित पंक्ति लेकर उसके सामने ख में लिखो—

क	ख	ग
बादलों में	**बिजली चमकती है।**	सच बोलता है।
मेरा मित्र		बिजली चमकती है।
गाय		आज्ञाकारी बालक है।
अशोक		दूध देती है।
मैं		भाई-बहन कभी नहीं लड़ते।
हम		पढ़-लिखकर विद्वान् बनूँगा।

२. नीचे लिखी पंक्तियों में जो वाक्य हैं उन पर ✓ चिह्न लगाइए। जो वाक्य नहीं हैं, उन पर × चिह्न लगाइए—

(१) मेरे पास एक पुस्तक है।

(२) नरेश दूध।

(३) बालक देर से उठता है।

(४) हम सब भाई-भाई हैं।

(५) माता-पिता की सेवा।

(६) गाली बकना बहुत।

(७) अच्छे बालक बनो।

३. नीचे लिखे शब्दों से अपने वाक्य बनाइए—
फल, दूध, माता, अध्यापक, पाठ, विद्यालय।

४. नीचे लिखे वाक्यों को क्रम ठीक करके लिखिए—

१. गई आज बिल्ली रसोईघर में।

आज बिल्ली रसोईघर में गई।

२. खाया फल रोज करो।

३. करो याद पाठ सदा।

४. न बोलो झूठ।

५. आग चली, वायु जली।

६. पर्वत है गिरती बर्फ पर।

७. सुखी परमात्मा रखें आपको।

८. करनी चाहिए सैर प्रातः।

९. आएगा यहाँ अतुल परसों।

१०. पर दीवार है नक्शा एक।

पाठ—३

उद्देश्य और विधेय

१. लता **हँसती है।**

२. रमेश **पढ़ चुका है।**

३. माली आम **लाया था।**

४. शोभा फूल **तोड़ रही थी।**

५. **मैं अब जा रहा हूँ।**

६. तू **क्या कर रहा है ?**

७. वह **अब कहाँ है ?**

किसी के बारे में कहा गया है	**जो कुछ कहा गया है।**
लता	हँसती है।
रमेश	पढ़ चुका है।
माली	आम लाया था।
शोभा	फूल तोड़ रही थी।
मैं	अब जा रहा हूँ।
तू	क्या कर रहा है ?
वह	अब कहाँ है ?

जिनके बारे में कहा गया है वे **उद्देश्य** हैं।

जो-जो कुछ कहा गया है वह **विधेय** है।

हमने जाना—१. वाक्य में जिसके बारे में कुछ कहा जाए, उसे उद्देश्य कहते है।

इसलिए लता, रमेश, माली, शोभा, मैं, तू, वह—ये उद्देश्य हैं।

हमने जाना—२. वाक्य में उद्देश्य के बारे में जो कुछ कहा जाए उसे विधेय कहते हैं।

इसलिए ऊपर के वाक्यों में—हँसती है, पढ़ चुका है, आम लाया था, फूल तोड़ रही थी, अब जा रहा हूँ, क्या कर रहा है, अब कहाँ है—ये सब विधेय हैं।

अब एक बात और समझ लीजिए। उद्देश्य को बढ़ाया जा सकता है। जैसे—

उद्देश्य	**विधेय**
मेरी बहन लता	हँसती है।
तुम्हारा भाई रमेश	पढ़ चुका है।

इसी तरह विधेय को भी बढ़ाया जा सकता है। जैसे—

उद्देश्य	विधेय
मेरी बहन लता	फूलों को देखकर हँसती है।
तुम्हारा भाई रमेश	अपना पाठ पढ़ चुका है।
हमारा माली	आज बाग से आम तोड़कर लाया था।

कक्षा का काम

१. नीचे लिखे वाक्यों में उद्देश्य और विधेय के बीच में एक-एक लकीर (रेखा) खींचिए—

(१) मेरी बहन लता / अपनी कक्षा में प्रथम आती है।

(२) तुम्हारे भाई मोहन ने झूठ बोलकर अच्छा काम नहीं किया।

(३) तुम सड़क पर सदा आँखों से देखकर चलो।

(४) गाय का दूध बच्चों के लिए बहुत अच्छा होता है।

(५) अनिल सदा माता-पिता की सेवा किया करता है।

(६) वह उनका कहना मानता है।

२. नीचे लिखे विधेयों में उद्देश्य लगाइए—

(१) **घोड़ा** दौड़ता है ।

(२) ...... कल कपड़े धोयेगा ।

(३) ...... चला गया ।

(४) ...... खा चुका है ।

(५) ...... व्यायाम कर रहा है ।

३. नीचे लिखे उद्देश्यों में विधेय लगाइए—

(१) पहलवान .... ।

(२) मेरी बहन .... ।

(३) रमेश .... ।

(४) बालक .... ।

(५) मेरी गुड़िया .... ।

पाठ—४

संज्ञा

कमला पढ़ रही है।	बन्दर नाच रहा है।	मैं दिल्ली में रहती हूँ।	यह अशोक की पेंसिल है।

नीचे के वाक्यों को देखो—

१. **कमला** पढ़ रही है।

२. **बन्दर** नाच रहा है।

३. मैं **दिल्ली** में रहती हूँ।

४. यह **अशोक** की **पेंसिल** है।

बालिका—एक लड़की का नाम है।

बन्दर—एक पशु का नाम है।

दिल्ली—एक स्थान (नगर) नाम है।

अशोक—एक बालक का नाम है।

पेंसिल—एक वस्तु का नाम है।

किसी के भी नाम को **संज्ञा** कहते हैं।

हमने जाना—जो शब्द किसी मनुष्य, जीव, स्थान

या वस्तु का नाम बताएँ, उन्हें संज्ञा कहते हैं ।

(i) हर एक मनुष्य का कोई-न-कोई नाम है । जैसे—हरि, अशोक, अकबर, एंथनी, रीटा, लता, आशा, नजमा—आदि ।

(ii) हर एक पशु का कोई नाम है । जैसे—गाय, घोड़ा, बन्दर, रीछ, हाथी, बकरी—आदि ।

(iii) हर एक स्थान का कोई नाम है । जैसे—भारत, इंग्लैंड, दिल्ली, मैसूर, चाँदनी चौक, स्कूल—आदि ।

(iv) हर एक वस्तु का कोई न कोई नाम है । जैसे—पेंसिल, कागज, पुस्तक, पेड़, पत्ता, फूल, मेज, कुर्सी—आदि । ये शब्द नाम संज्ञा हैं ।

कक्षा का काम

१. नीचे लिखे वाक्यों में जो संज्ञा हैं उनके नीचे रेखा खींचिए—

(१) अनिल विद्यालय में पुस्तक पढ़ता है ।

(२) वृक्ष से फल गिरते हैं ।

(३) मेज पर चाकू रखा है ।

(४) रमा आशा के घर जा रही है ।

(५) यात्री नाव में बैठकर नदी को पार करते हैं ।

(६) मोहनदास गांधी देश के एक बड़े महात्मा थे ।

(७) दूध पीकर पानी मत पियो ।

(८) जिसे अपने देश पर अभिमान नहीं, वह मनुष्य नहीं पशु है ।

२. पाँच बालकों, पाँच जानवरों, पाँच मिठाइयों और पाँच खेलों के नाम लिखिए।

३. नीचे लिखे वाक्यों में जो-जो **संज्ञा** हैं उन्हें चुनकर खाली स्थानों पर लिखिए—

(क) मेरी बहन कक्षा में प्रथम रहती है ।
बहन, कक्षा

(ख) बुद्धू ने चोरी करके अच्छा काम नहीं किया । ....

(ग) सदा आँखों से देखकर चलो । ....

(घ) घोड़ा हरी घास खाता है। ....

(ङ) मेरी माताजी बंगलौर गयी हैं। ....

पाठ—५

जोड़े संज्ञा शब्द

कुछ जोड़े शब्द हैं, वे अधिकतर साथ-साथ आते हैं। देखिए—

धूप-छाँव	जीत-हार	सर्दी-गर्मी
दिन-रात	सुबह-शाम	साँझ-सवेरे
घर-द्वार	गुरु-शिष्य	दाल-रोटी
अन्न-जल	हाथ-पैर	आँख-कान
गाँव-नगर	नर-नारी	मर्द-औरत
नदी-नाले	माता-पिता	माँ-बाप
सुख-दुख	गाय-भैंस	बैल-गाड़ी
लड़का-लड़की	बेटा-बेटी	ईंट-पत्थर
फल-फूल	पशु-पक्षी	जीव-जन्तु
कलम-दवात	पेंट-कोट	कुर्ता-धोती

सम्बन्धियों के नाम

सम्बन्धियों (रिश्तेदारों) के नाम भो संज्ञा शब्द

हैं। जैसे—

पिता	माता	दादा	दादी
नाना	नानी	मामा	मामी
बुआ	फूफा	चाचा	चाची
भाई	बहन	बेटा	बेटी
ननद	ननदोई	जेठ	जिठानी
ससुर	सास	परनाना	भाभी
भतीजा	भानजा	पोता	धेवता (दोहता)

कक्षा का काम

१. नीचे लिखे शब्दों के सामने उनके जोड़ के शब्द लिखकर उनके जोड़े शब्द बनाइए—

दिन-रात	कुत्ता·····	गुरु·····
हाथ·····	जीव·····	माता·····
लड़का·····	धूप·····	सर्दी·····
सुख·····	नदी·····	गाय·····
माँ·····	गाँव·····	सुबह·····
घर·····	जीत·····	अन्न·····

२. क्या कहते हैं ?—

पिता के पिता को **दादा** कहते हैं।

पिता की माता को ····· कहते हैं।

पिता की बहन को	......	कहते हैं।
बहन के पति को	......	कहते हैं।
भाई की पत्नी को	......	कहते हैं।
भाई के पुत्र को	......	कहते हैं।
बहन की लड़की को	......	कहते हैं।

३. नीचे लिखे वाक्यों में संज्ञा शब्दों के नीचे लकीर (रेखा) खींचिए—

यह पुस्तक है।	पुस्तक में चित्र है।
यह कलम है।	कलम हाथ में है।
दवात मेज पर है।	दवात में स्याही है।
यह कमीज है।	कागज सफेद है।
यह फूल है।	वे चार फूल हैं।
ये कितने फल हैं।	ये एक दर्जन फल हैं।
यह सड़क हैं।	वे मकान हैं।
यह विद्यालय है।	यह हमारा खेल का मैदान है।

४. नीचे लिखी संज्ञाओं में एक-एक भिन्न (अलग) जाति का शब्द आ गया है। उसके नीचे रेखा खींचिए—

१. कमीज, पाजामा, कोट, ब्लाउज़, साड़ी, पैर, पतलून।

२. मेज, कुर्सी, अनार, अलमारी, बेंच, स्टूल।
३. पानी, दूध, चाय, स्याही, कॉफी, शर्बत।
४. मोर, तोता, कबूतर, चीता, कौआ, चिड़िया।
५. सिंह, बाघ, रीछ, मछली, भेड़िया।
६. अध्यापक, डाक्टर, सिपाही, स्कूटर, सैनिक।
७. सोमवार, मंगलवार, बुधवार, शनिवार, त्यौहार, शुक्रवार।
८. लोहा, तांबा, चीनी, टीन, जस्त, पीतल, सोना।
९. गोभी, टमाटर, भिंडी, करेला, चीकू, कमलककड़ी।
१०. दिल्ली, बम्बई, मद्रास, कलकत्ता, मथुरा, पंजाब।
११. पंजाब, तमिलनाडु, हरियाणा, अमृतसर, केरल, उड़ीसा।

पाठ—६

एक का नाम और जाति का नाम

(जातिवाचक संज्ञा)

मैं अतुल हूँ	हम बालक हैं।
यह हैरी है।	ये कुत्ते हैं।
यह लता है।	ये लड़कियाँ हैं।
यह महात्मा गांधी है।	ये मनुष्य हैं।
यह रामायण है।	ये पुस्तकें हैं।

ऊपर के वाक्यों को देखिए। उनके सामने जो लिखा है, उसे ध्यान से पढ़िए।

१. अतुल एक बालक का नाम है।

बालक कहने से सब बालकों का पता चलता है।

२. हैरी एक कुत्ते का नाम है ।
कुत्ता पशुओं की एक जाति का नाम है ।

३. लता एक बालिका का नाम है ।
बालिका कहने से सब बालिकाओं का बोध होता है ।

४. महात्मा गांधी एक मनुष्य का नाम है ।
मनुष्य कहने से सारी मनुष्य जाति के लोगों का पता चलता है ।

व्यक्तिवाचक	**जातिवाचक**
अतुल	बालक
हैरी	कुत्ता
लता	बालिका
महात्मा गांधी	मनुष्य
रामायण	पुस्तक

हमने जाना—जिस संज्ञा से किसी एक ही विशेष मनुष्य, पशु, पक्षी, या वस्तु का पता चले वह व्यक्तिवाचक संज्ञा होती है । जैसे—

महात्मा गांधी, झांसी की रानी लक्ष्मीबाई, हिमालय, गंगा, लालकिला, दिल्ली इत्यादि ।

जिस संज्ञा शब्द से किसी जाति का बोध हो,

उसे जातिवाचक संज्ञा कहते हैं। जैसे—

पुरुष, स्त्री, पर्वत नदी, किला, नगर-इत्यादि।

कक्षा का काम

१. नीचे लिखे शब्दों में से जो व्यक्तिवाचक हैं, उनके सामने 'व्य' लिखो और जो जातिवाचक हैं उनके सामने 'जा' लिखो—

महात्मा गांधी **'व्य'**	मनुष्य **'जा'**
मोर	कपिला गाय
मकान	ताजमहल
बम्बई	नगर
अशोक	बालक
देश	भारत
पुस्तक	रामायण
चाँदनी चौक	बाजार
यमुना	नदी

पाठ—७

व्यक्तिवाचक संज्ञा और जातिवाचक संज्ञा में अन्तर

	१	२
नाम	**व्यक्तिवाचक**	**जातिवाचक**
यमुना नदी	यमुना	एक **नदी** है।
भारत देश	भारत	एक **देश** है।
हिमालय पहाड़	हिमालय	एक **पहाड़** है।
बंगलौर नगर	बंगलौर	एक **नगर** है।
आंध्र प्रदेश	आंध्र	एक **प्रदेश** है।
अशोक बालक	अशोक	एक **बालक** है।
कमला बालिका	कमला	एक **बालिका** है।
शंकरन छात्र	शंकरन	एक **छात्र** है।
रोशनआरा बाग	रोशनआरा	एक **बाग** है।
चाँदनी चौक बाजार	चाँदनी चौक	एक **बाजार** है।

व्यक्तिवाचक से एक ही का बोध होता है।

जातिवाचक से उस पूरी जाति का बोध होता है।

यमुना कहने से हमारा ध्यान एक विशेष नदी की ओर जाता है। परन्तु नदी तो सभी नदियों का नाम है।

भारत कहने से एक खास देश का पता चलता है। 'देश' में तो सभी देश आ जाते हैं।

हिमालय कहने से एक विशेष पहाड़ का पता चलता है। पहाड़ शब्द तो सभी पहाड़ों को बताता है।

बंगलौर कहने से एक विशेष नगर का बोध होता है जो कि कर्नाटक प्रदेश की राजधानी है। परन्तु नगर में तो सभी नगर आ जाते हैं।

आंध्र प्रदेश कहने से भारत के एक विशेष प्रदेश (राज्य) का बोध होता है। प्रदेश शब्द में सभी प्रदेश आ जाते हैं।

इसी तरह और भी जानिए।

इससे पता चलता है—किसी का खास नाम व्यक्तिवाचक है। उस जैसी सभी वस्तुओं का नाम जातिवाचक है।

कक्षा का काम

१. नीचे लिखे शब्दों में से जो जातिवाचक नहीं, उनके नीचे रेखा खींचिए—

मनुष्य, राजू, बेल, पक्षी, पशु, नदी, जानवर, हिरन, ताजमहल ।

२. नीचे लिखे शब्दों में से जो व्यक्तिवाचक नहीं, उनके नीचे रेखा खींचिए—

महात्मा गांधी, जवाहरलाल नेहरू, मोरारजी देसाई, विद्यालय, रीछ, अशोक, छात्र, नदी, दिल्ली, इंगलैंड ।

३. नीचे लिखे शब्दों में से जो संज्ञा (नाम) नहीं उनके नीचे रेखा खींचिए—

(क) काम, अच्छा, होता है, क्यों, कैसा, अकबर ।

(ख) अशोक, लन्दन, पेरिस, फ्रांस, कब, अनिल, जाएगा ।

(ग) यह, पेंसिल, स्कूल, नाक, मुँह, साफ, कहाँ ।

४. नीचे लिखी कविता में जो शब्द एक का नाम (व्यक्तिवाचक संज्ञा) हैं, उनके नीचे लकीर (रेखा) खींचिए—

इक्का-दुक्का, तिक्का-चौका, छक्का-सत्ता,
आओ भाई, रेल बनाओ, चलो चलें कलकत्ता ।

चूहा चला विलायत, तीरथ करने जाती बिल्ली,
कलकत्ते की सैर करेंगे, फिर पहुँचेंगे दिल्ली !
मेंढक जी मद्रास चलेंगे, मानसरोवर सारस,
लंगड़ा आम चखेंगे चलकर कुछ दिन बाद बनारस!
ताजमहल देखेगा तोता, मंसूरी बुलडाग,
संगम में तैरेंगे जी-भर जाकर तीर्थ प्रयाग !
मथुरा के पेड़े खाएँगे नाच-नाचकर मोर,
देखेंगे राणा प्रताप का हम प्यारा चित्तौड़ !
पंडित जी को राम-राम मुल्ला जी को आदाब,
अमृतसर में लस्सी पीने चलो चलें पंजाब !
पूरब, पश्चिम, उत्तर, दक्षिण, दौड़ रही है रेल,
चलो बम्बई जाकर खाएँ दो आने की भेल !
मगर देखना मौज-मजे में कहीं न हो हैरानी,
देखो तो गाड़ी में कितना बचा कोयला-पानी ?

पाठ—८

भाववाचक संज्ञा

यह तो हमने जान लिया कि किसी मनुष्य, पशु, पक्षी, जीव, स्थान और वस्तु के नाम को **संज्ञा** कहते हैं। किसी सजीव या निर्जीव (बेजान) को हम उसके नाम से ही पहचानते हैं। सब ठोस चीजों का कोई न कोई नाम होता है–यह बात हमने समझ ली।

परन्तु क्या आप जानते हैं कई नाम ऐसे हैं, जो ठोस प्राणियों या पदार्थों के नहीं? ऐसे नाम अर्थात् संज्ञा शब्द किसी व्यक्ति, वस्तु या स्थान के गुण, दोष, धर्म, दशा, आदत या काम को बतलाते हैं। नीचे लिखे वाक्यों को पढ़िए–

(१)

१. लाल किले की **सुन्दरता** देखते ही बनती है।
२. पिकनिक पर न जाने से लता के मुँह पर **उदासी** छा गई।
३. अतुल की **मुस्कराहट** कितनी प्यारी है।

४. अशोक की अनिल से **मित्रता** हो गई है ।

५. भारत के गाँव वासियों की **निर्धनता** कब दूर होगी ?

६. पिछले साल से हमारे देश की **दशा** अच्छी है ।

७. बाढ़-पीड़ितों की **सहायता** करना हमारा कर्तव्य है ।

८. क्या तुम्हें मुझ पर **विश्वास** नहीं ?

९. बीमारों की **सेवा** करनी चाहिए ।

१०. अनवर की **सच्चाई** छिपी न रही ।

(२)

(क) तुम **झूठ** क्यों बोलते हो ?

(ख) हमें स्कूल की **सजावट** करनी है ।

(ग) हिमालय की **ऊँचाई** सब पहाड़ों से अधिक है ।

(घ) अभी हमारा **बचपन** है, खेलने-खाने के दिन हैं ।

(ङ) नन्हे मुन्ने की **हँसी** पर सब खुश होते हैं ।

(च) तुम्हारा पत्र पाकर बहुत **खुशी** हुई ।

(छ) राणा प्रताप की **वीरता** की सब प्रशंसा करते हैं ।

(ज) तुम्हारी **पढ़ाई** कैसी चल रही है ?

(झ) चीन ने १९६२ में भारत पर **चढ़ाई** की थी।

(ञ) अच्छे बालक **क्रोध** नहीं करते।

(ट) **धैर्य** रखो, तुम भी एक दिन खूब धनी हो जाओगे।

(ठ) बाग में फूलों की **सुन्दरता** ने हमारा मन मोह लिया।

हमने जाना—जो शब्द किसी व्यक्ति, वस्तु या स्थान के गुण, दोष, दशा (हालत), धर्म, आदत (स्वभाव) या स्थिति को बतलाएँ उन्हें भाववाचक संज्ञा कहते हैं।

कक्षा का काम

१. नीचे बायीं तरफ लिखे शब्दों से 'ना' हटा दो और 'वट' जोड़ दो। फिर दायीं तरफ के खाली स्थान पर उस शब्द को लिखो। दायीं तरफ लिखे शब्द भाववाचक संज्ञा हैं—

(१)

शब्द	**भाववाचक संज्ञा**
सजाना	सजावट
लिखना	......
बनाना	......
रोकना	रुकावट
गिरना	......

(२)

२. 'ना' हटाकर 'आई' लगा दो–

चढ़ना	चढ़ाई
पढ़ना	......
कमाना	......
लड़ना	......

(३)

३. 'ना' हटाकर 'हट' लगा दो—

मुस्कराना	मुस्कराहट
चिल्लाना	......
घबराना	......

(४)

४. अन्त में 'ई' जोड़ दो––

भला	भलाई
बुरा	......
अच्छा	......

५. 'अ' हटाकर 'पन' लगा दो––

लड़का	लड़कपन
बच्चा	......
पागल	......

६. अन्त में 'पा' लगा दो—

मोटा	मोटापा
राँड़	......
बूढ़ा	......

७. अन्त में 'ता' लगा दो—

मित्र	मित्रता
सुन्दर	......
दीन	......
प्रसन्न	......

पाठ—६

क्रिया

नीचे लिखे वाक्यों को पढ़िए—

सूर्य आकाश में चमक रहा है।	बालक हँस रहा है।	लता नाच रही है।	बस खड़ी है।

१. सूर्य आकाश में **चमक रहा है।** (चमक रहा है)

२. बालक **हँस रहा है।** (हँस रहा है)

३. लता **नाच रही है।** (नाच रही है)

४. बस खड़ी है। (खड़ी है)

तोता बोल रहा है।	बालक भाग रहे हैं।	बालिका लिख रही है।	रेलगाड़ी आ रही है।

१. तोता **बोल रहा है।** (बोल रहा है)

२. बालक **भाग रहे हैं।** (भाग रहे हैं)

३. बालिका **लिख रही है।** (लिख रही है)

४. रेलगाड़ी **आ रही है।** (आ रही है)

चमक रहा है, हँस रहा है——आदि किसी के नाम (संज्ञा) नहीं। इनसे संज्ञा के बारे में कुछ कहा जाता है। इनसे हमें किसी काम के करने या होने का पता चलता है।

हमने जाना—जिन शब्दों से किसी काम के करने या होने का पता चले उन्हें क्रिया कहते हैं।

क्रिया के बिना कोई वाक्य पूरा नही होता। जैसे——

लता.............................. अशोक पुस्तक..................

अतुल कापी पर.......... बस......................................

इन्हें पूरा वाक्य बनाने के लिए क्रिया जोड़ना आवश्यक है। जैसे——

लता हँसती है।

अशोक पुस्तक पढ़ता है।

अतुल कापी पर लिख रहा है।

बस आ गई है।

कक्षा का काम

१. आगे लिखे वाक्यों में से क्रिया चुनकर सामने के खाली स्थान पर लिखो—

वाक्य	क्रिया
(१) हम सब केन्द्रीय विद्यालय में पढ़ते हैं ।	पढ़ते हैं
(२) कमला विद्यालय को जा रही है ।	......
(३) तुम क्या करते हो ?	......
(४) यहाँ बच्चे खेलेंगे ।	......
(५) हम सब आँखों से देखते हैं ।	......

२. नीचे लिखी पंक्तियों में खाली स्थानों पर क्रिया लिखो—

(१) भक्त मंदिर में...... ।

(२) चाचाजी बम्बई से कब......?

(३) माताजी तीन दिन बाद अमृतसर...... ।

(४) मैं उत्तीर्ण हो गया तो तुम्हें मिठाई...... ।

(५) तीन दिन पहले जोर की वर्षा...... ।

३. नीचे लिखो पंक्तियों के अन्त में दो-दो क्रियाएँ लिखी हैं । जो क्रिया ठीक हो उसे खाली स्थान पर लिखो—

(१) घंटी	......	(गाती हैं, बजती है)
(२) पक्षी	......	(बोलते, चहचहाते हैं)
(३) मैं पुस्तक	......	(लिखती हूँ, पढ़ता हूँ)
(४) बच्चे बाग में	......	(सोते हैं, खेलते हैं)
(५) बिल्ली चूहे के पीछे	......	(नाच रही है, दौड़ रही है)

४. खाली स्थानों पर ठीक संज्ञा लिखो--

(१) ...... पढ़ता हूँ ।

(२) ...... क्या कर रहे हो ?

(३) ...... कहाँ जा रहा है ?

(४) ...... स्कूल कितने बजे जाती हैं ?

(५) ...... पहले किस स्कूल में पढ़ते थे ?

(६) ...... कल शिमला जाएगा ।

पाठ—१०

विशेषण

इन वाक्यों को पढ़िए—

१. यह **मोटा** आदमी है। २. वह **पतला** आदमी है।
३. यह **ऊँचा** पेड़ है। ४. वह **छोटा** पौधा है।
५. यह **सुन्दर** फूल है।

१. पहले वाक्य में **मोटा** शब्द आदमी की विशेषता बतला रहा है।

२. दूसरे वाक्य में **पतला** शब्द बालक की विशेषता बतला रहा है।

३. तीसरे वाक्य में **ऊँचा** शब्द पेड़ की विशेषता बतला रहा है।

४. चौथे वाक्य में **छोटा** शब्द पौधे की विशेषता बतला रहा है।

५. पाँचवें वाक्य में **सुन्दर** शब्द फूल की विशेषता बतला रहा है।

मोटा, पतला, ऊँचा, छोटा, सुन्दर आदि शब्द **विशेषण** हैं, क्योंकि ये किसी की विशेषता बतलाते हैं।

हमने जाना—जो शब्द किसी संज्ञा या सर्वनाम की विशेषता बताएँ वे विशेषण कहलाते हैं।

१. अशोक **सुन्दर** टोपी पहनता है। (गुण)

२. अतुल **गन्दी** टोपी पहनता है। (दोष)

३. मेरे पास **तीन** पेंसिलें हैं। (संख्या)

४. ग्वाला बहुत-सा दूध लाता है (परिमाण या नाप-तोल)

५. **यह** पुस्तक मेरी है। (संकेत)

६. वह **कौन-सी** पुस्तक चाहता है ? (प्रश्न)

किसी मनुष्य, पशु, पक्षी, स्थान, या भाव की विशेषता पाँच प्रकार से बताई जा सकती हैं—

गुण-दोष बताकर—(गुणवाचक विशेषण)
संख्या (गिनती) बताकर—(संख्यावाचक विशेषण)
नाप-तोल बताकर—(परिमाणवाचक विशेषण)
संकेत करके—(संकेतवाचक विशेषण)
प्रश्न करके—(प्रश्नवाचक विशेषण)

विशेषण शब्द किसी संज्ञा या सर्वनाम की विशेषता (खूबी) बतलाते हैं। विशेषण किसी का वर्णन

करते हैं कि वह कैसा है ।

पेड़ कैसा है ?	**ऊँचा**
आदमी कैसा है ?	मोटा
बालक कैसा है ?	पतला
पौधा कैसा है ?	छोटा
फूल कैसा है ?	सुन्दर
दूध कितना है ?	बहुत-सा
पेंसिलें कितनी हैं ?	तीन

विशेषण जिसकी विशेषता बताए उसे विशेष्य कहते हैं ।

नीचे लिखे वाक्य देखिए—

वाक्य	**विशेषण**	**विशेष्य**
यह पेंसिल अच्छी है ।	अच्छी	पेंसिल
वह मनुष्य मोटा है ।	मोटा	मनुष्य
तुम चतुर हो ।	चतुर	तुम
छोटी लड़की को बुलाओ ।	छोटी	लड़की
हमारा घोड़ा सफेद है ।	सफेद	घोड़ा
यह घर हमारा है ।	हमारा	घर

कक्षा का काम

१. नीचे लिखे शब्दों में जो विशेषण हैं उनके

नोचे रेखा खींचो--

अच्छी बालिका	मधुर फल
काम की पुस्तक	सरकारी आदमी
भारत का सैनिक	योग्य छात्र
नीला कोट	पीली चुनरी

२. नीचे बायीं तरफ कुछ विशेषण दिये हैं, दायीं तरफ विशेष्य। बताओ किस विशेषण के साथ कौन-सा विशेष्य ठीक बैठेगा। एक विशेषण के सामने एक विशेष्य चुनकर लिखो--

ऊँचे-ऊँचे	बादल
लहलहाते	जंगल
घने	पहाड़
काले	खेत

३. ध्यान रहे कि विशेषण को विशेष्य से पहले भी रख सकते हैं और पीछे भी। अब इस बात को ध्यान में रखकर विशेषण के नीचे रेखा खींचिए--

यह अच्छा बालक है।	वह बालक अच्छा है।
हिमालय को ऊँची चोटी है।	हिमालय की चोटी ऊँची है।
प्रधानाचार्य जी अच्छा भाषण देते हैं।	उनका भाषण अच्छा है।
समुद्री जहाज भारी होता है।	वहाँ भारी वर्षा हुई।

पाठ—११

सर्वनाम

नीचे लिखे वाक्यों को पढ़िए—

१. राम ने कहा—"राम कक्षा में प्रथम आएगा।"
राम ने कहा—"**मैं** कक्षा में प्रथम आऊँगा।"

२. सुनीति की माता ने कहा—"सुनीति अच्छी लड़की है।
सुनीति की माता ने कहा—"**तू** अच्छी लड़की है।"

३. हम हमारे घर जा रहे हैं।
हम **अपने** घर जा रहे हैं।

४. राम रोहतक में रहता है। राम एक किसान है।
राम रोहतक में रहता है। **वह** एक किसान है।

५. लता यहाँ है। लता ने मधुर गीत गाया।
लता यहाँ है। **उसने** मधुर गीत गाया।

६. रमन के पास दवात है। दवात लाल है।

रमन के पास दवात है। **वह** लाल है।

७. छात्राएँ आ गईं। छात्राएँ पढ़ने लगीं।

छात्राएँ आ गईं और **वे** पढ़ने लगीं।

ऊपर जो वाक्य लिखे हैं, उनमें—**मैं, तू, अपने, वह, उसने, वह, वे,**—ये सब शब्द सर्वनाम हैं।

इन्हें सर्वनाम इसलिए कहते हैं कि ये सब संज्ञाओं के स्थान पर काम आ जाते हैं।

नीचे लिखे शब्द सर्वनाम हैं—

वह-वे	**यह-ये**	**मैं-हम**	**तू-तुम**
आप	**कौन**	**कौन-सा**	**क्या**
जो			

हमने जाना—संज्ञा के बदले में जो शब्द प्रयोग किये जाते हैं, वे सर्वनाम कहलाते हैं।

कमला कमला के घर बैठी कमला की पुस्तक पढ़ रही है।

ऊपर लिखा वाक्य सुन्दर नहीं लगता। इसलिए आओ पहली बार के बाद 'कमला' के स्थान पर सर्वनाम लगाकर वाक्य बनाएँ—

कमला **अपने** घर बैठी **अपनी** पुस्तक पढ़ रही है।

इसी प्रकार--

(क) लता ने कान्ता से पूछा—कान्ता का भाई कहाँ जा रहा है ?

लता ने कान्ता से पूछा—**तुम्हारा** भाई कहाँ जा रहा है ?

रोहित ने कहा--रोहित की माँ ! तुम बहुत अच्छी हो ।

रोहित ने कहा—**मेरी** माँ ! तुम बहुत अच्छी हो ।

सर्वनामों के ये रूप ध्यान में रखो-

एकवचन	**बहुवचन**
मैं	हम
तू	तुम
आप	आप लोग
यह	ये
वह	वे
कोई	कोई
कुछ	कुछ
जो	जो
कौन	कौन
क्या	क्या

इससे पता चला कि कोई, कुछ, जो, कौन, क्या के रूप जैसे एकवचन में हैं, वैसे ही बहुवचन में रहते हैं। वे बदलते नहीं।

कक्षा का काम

१. नीचे लिखे वाक्यों में जो सर्वनाम हैं उनके नीचे लकीर खींचो–

कौन आ रहे हैं ?

तुम कौन हो ?

आप लोग कब आये हैं ?

आज हम आ गए हैं।

वह पढ़ रहा है।

तुम्हें इससे क्या ?

२. नीचे लिखे वाक्यों में सर्वनाम के वचन बताओ–

वे कब जाएँगे ?	(वे–बहुवचन)
आओ, हम सैर को चलें।	(..................)
कौन आ रहे हैं ?	(..................)
तुम सब कहाँ जाओगे ?	(..................)
अब मैं क्या करूँ ?	(..................)

३. नीचे लिखे सर्वनामों के बहुवचन लिखो—

मैं— हम तू— ......

आप— ...... वह— ......

यह— ...... कौन— ......

४. नीचे लिखे वाक्यों में से सर्वनाम चुनकर सामने के खाली स्थानों पर लिखो—

(क) अशोक अपने पिता की आज्ञा मानता है । (अपने)

(ख) अध्यापक ने अशोक से कहा–तू जा । (......)

(ग) माँ ने रेखा से कहा कि वह जल्दी जाए । (......)

(घ) हम भी चिड़याघर देखने जाएँगे । (......)

(ङ) उधर कौन जा रहे हैं ? (......)

पाठ—१२

लिंग

नीचे लिखे वाक्यों को पढ़िए—

क	ख
मुझे पानी अच्छी लगती है।	मुझे पानी अच्छा लगता है।
मुझे दूध अच्छी लगती है।	मुझे दूध अच्छा लगता है।
हाथी जाती है।	हाथी जाता है।

क के नीचे लिखे वाक्य गलत (अशुद्ध) हैं।

ख के नीचे लिखे वाक्य ठीक (शुद्ध) हैं।

क्यों ?

क के नीचे लिखे वाक्यों में लिंग का ध्यान नहीं रखा गया।

लिंग का अर्थ है चिह्न या निशान। कोई शब्द पुंल्लिग है या स्त्रीलिंग—इस बात का पता लिंग का ज्ञान होनें से होता है। लड़का जाता है—लड़की जाती

है। गाय दूध देती है–बैल हल चलाता है। मैं अनिल की बहन हूँ—अनिल मेरा भाई है।

ऊपर लिखे वाक्यों से हमें पता चलता है कि पुँल्लिग के लिए क्रिया के अन्त में '–ता है' लगता है और स्त्रीलिंग के लिए क्रिया में '–ती है' लगता है।

हमने जाना—कोई शब्द पुरुष का बोध कराता है या स्त्री का, जिससे पता यह चले उसे लिंग कहते हैं!

१. **पुँल्लिग**–जो पुरुष का बोध कराए।

२. **स्त्रीलिंग**–जो स्त्री का बोध कराए।

पुँल्लिग जैसे–लड़का, पुरुष, नर, मर्द, घोड़ा, बैल, फूल, तोता, कबूतर, राजा, भैंसा, टमाटर, आलू, सन्तरा, अमरूद, केला!

स्त्रीलिंग जैसे—लड़की, स्त्री, नारी, औरत, घोड़ी, गाय, कली, तोती, कबूतरी, रानी, भैंस, गोभी, भिंडी, नारंगी, खिरनी।

लिंग का कैसे पता चले ?

संसार में दो तरह के पदार्थ हैं—सजीव, निर्जीव। सजीव दो प्रकार के हैं—**पहले** पुरुष को बताने वाले—**पुँल्लिग**। **दूसरे** स्त्री को बताने वाले—**स्त्रीलिंग**।

पुँल्लिग	स्त्रीलिंग
पुरुष	स्त्री
नर	नारी
मोर	मोरनी
बकरा	बकरी
बिलाव	बिल्ली
सिंह	सहनी

निर्जीव (बेजान) चीजों का लिंग कैसे पहचानें ?

१. अपने से बड़ों—पिता, माता, चाचा, बुआ, बड़े भाई, बड़ी बहन आदि जब बोलें तो सुनो। जैसे माताजी कहें—'तुम्हारी कमीज साफ है।' तो पता चला कि कमीज स्त्रीलिंग है। यदि कहें—'तुम्हारा कुर्ता मैला है।' तो पता चला कि कुर्ता शब्द पुँल्लिग है।

कक्षा का काम

१. नीचे लिखे शब्दों में से जो पुँल्लिग हैं उनके सामने पुँ० लिखो और जो स्त्रीलिंग हैं, उनके सामने स्त्री० लिखो—

पैर	—	पुँ०	बकरा	—	......
पर्वत	—	......	नदी	—	......
कुर्ता	—	......	कलम	—	......

नगर	—	......	गली	—	......
कमीज	—	......	कोट	—	......
चना	—	......	दाल	—	......
बेर	—	......	थैला	—	......
केला	—	......	अनार	—	......
धागा	—	......	पतंग	—	......

२. लिंग बदलिए—

(१)

अन्त में 'ई' जोड़कर—

सुन्दर	सुन्दरी
दास	......
नाना	......
दादा	......
घोड़ा	......

(२)

अन्त में 'इया' जोड़कर—

बूढ़ा	बुढ़िया
कुत्ता	......

चूहा	......
गुड्डा	......

(३)

अन्त में 'इन' जोड़कर–

चमार	चमारिन
सुनार	...
जुलाहा	...
नाई	...

(४)

अन्त में 'नी' जोड़कर–

शेर	शेरनी
मोर	...
ऊँट	...
शाह	...

(५)

अन्त में 'इन' जोड़कर–

साँप	साँपिन
बाघ	...
मालिक	...

(६)

अन्त में 'आनी' जोड़कर–

सेठ	सेठानी
नौकर	...
मेहतर	...

(७)

अन्त में 'आइन' जोड़कर–

लाला	ललाइन
ठाकुर	...
पण्डित	...

कुछ शब्दों के स्त्रीलिंग बिल्कुल भिन्न होते हैं। जैसे—

पुँल्लिग	**स्त्रीलिंग**
पुरुष	स्त्री
मर्द	औरत
भाई	भावज(भाभी)
पिता	माता
बाप	माँ
बैल	गाय

३. नीचे जो शब्द लिखे हैं, उनमें से पुँल्लिग को पुँल्लिग के खाने में और स्त्रीलिंग को स्त्रीलिंग के खाने में लिखो—

जुलाहिन, लोमड़ी, चमार, नींबू, मालिक, मेहतरानी, तिल, लता, मैना, सुशील, शीला, उड़द, मूली, गोभी, चील, तोता, गरुड़, भैंस, कबूतर, बाज, मौसा, बहन, बहनोई, दामाद, छिपकली, चक्की, चूल्हा, गाजर, गिरगिट, मसूर, मशीन, गन्ना, चना, खिलाड़ी, पण्डिताइन, पुस्तक, ग्रन्थ, किताब, कलम, पैंसिल, कागज, दवात ।

पुँल्लिग	**स्त्रीलिंग**
....	....
....	....
....	....
....	....
....	....
....	....
....	....
....	....

पाठ—१३

वचन

नीचे लिखे वाक्यों को पढ़िए—

एक लड़का पढ़ रहा है।	दो लड़के पढ़ रहे हैं।
एक लड़का पढ़ता है।	दो लड़के पढ़ते हैं।
लड़की लिखती है।	लड़कियाँ लिखती हैं।
तोता बोलता है।	तोते बोलते हैं।
यह अण्डा है।	ये अण्डे हैं।
यह बछड़ा है।	ये बछड़े हैं।
यह गौ है।	ये गौएँ हैं।
यह भैंस है।	ये भैंसें हैं।
यह पेंसिल है।	ये पेंसिलें हैं।
यह मुर्गी है।	ये मुर्गियाँ हैं।
यह भेड़ है।	ये भेड़ें हैं।
यह झोंपड़ी है।	ये झोंपड़ियाँ हैं।

यह बस है ।   ये बसें हैं ।

ऊपर जो वाक्य बायीं तरफ लिखे हैं वे एक को और जो वाक्य दायीं तरफ लिखे हैं वे बहुत को बतलाते हैं । जो एक को बताएँ वे एकवचन हैं । जो दो या अधिक को बताएँ वे बहुवचन हैं ।

हमने जाना––संज्ञा या सर्वनाम के जिस रूप से यह पता चले कि वह एक है या अनेक, उसे वचन कहते हैं ।

एक को बताने वाला शब्द एकवचन और अनेक (बहुत) को बताने वाला शब्द बहुवचन होता है ।

एकवचन के साथ एकवचन की क्रिया लगती है और बहुवचन के साथ बहुवचन क्रिया लगती है ।

ध्यान से देखो एकवचन से बहुवचन कैसे बनते हैं––

(१)

कुछ शब्दों के अन्त में 'एँ' लगाने से बहुवचन बनता है । जैसे––

एकवचन	**बहुवचन**	**एकवचन**	**बहुवचन**
रात	रातें	बात	बातें
आँख	आँखें	पुस्तक	पुस्तकें
माला	मालाएँ	पाठशाला	पाठशालाएँ

(२)

कुछ शब्दों के अन्त में 'याँ' जोड़ने से—

टोपी	टोपियाँ	रीति	....
नाली	....	टोकरी	....

कुछ शब्दों में अनुस्वार 'आ' जोड़ने से—

कुटिया	कुटियाँ	खटिया	खटियाँ
गुड़िया	....	लुटिया	....

कुछ शब्दों के अन्त में 'ए' जोड़ने से—

घोड़ा	घोड़े	कुत्ता	कुत्ते
चीता	......	पंखा	......
गधा	....	केला	....

कक्षा का नाम

१. नीचे लिखे शब्दों के बहुवचन लिखिए—

घड़ी	घड़ियाँ	सीढ़ी	....
कपड़ा	....	चिड़िया	....
लड़की	....	अध्यापिका	....

२. नीचे लिखे शब्दों के एकवचन लिखिए—

आँखें.........	बहनें.........
धाराएँ.........	मोटरें.........
रोटियाँ.........	स्त्रियाँ.........

३. वाक्य ठीक करके लिखिए—

(१) सब लड़की ने गीत सुनाया ।

सब लड़कियों ने गीत सुनाया ।

(२) कौआ पेड़ पर बैठे हैं ।

....

(३) दोनों बहन कहाँ गई हैं ?

....

(४) सारी पुस्तक मेज पर पड़ी हैं ।

... .

(५) सब बच्चे को मिठाई दो ।

....

४. नीचे लिखे शब्दों के बहुवचन बताकर उनसे अपने वाक्य बनाइए—

छोटा—छोटे-छोटे बच्चे खेल रहे हैं ।

पहाड़ी—............................।

उसे—..............................।

स्त्री—.............................।

किसने—...........................।

पाठ—१४

कारक

तुलना कीजिए—

१. सिपाही ने चोर को पकड़ा।
सिपाही चोर पकड़ा।

२. अशोक पुल पर खड़ा था।
अशोक पुल खड़ा था।

३. पेड़ से पत्ते गिरेंगे।
पेड़ पत्ते गिरेंगे।

ऊपर जो वाक्य पहले लिखे हैं, उनके अर्थ ठीक समझ में आते हैं। दूसरे वाक्यों के अर्थ ठीक समझ में नहीं आते। ठीक अर्थ बताने के लिए शब्दों के साथ 'ने', 'पर', 'से' आदि चिह्न लगाए जाते हैं। इन्हें विभक्तियाँ कहते हैं। इन्हें ही कारक के चिह्न भी कहा जाता है।

हमने जाना—शब्द के उस रूप को कारक कहते हैं, जिससे संज्ञा या सर्वनाम का क्रिया के साथ सम्बन्ध

जाना जाए।

चिह्न (विभक्तियाँ)	**अर्थ**	**कारक**
ने	जो काम करे	कर्त्ता
को	जिस पर काम का प्रभाव पड़े	कर्म
से	जिसके द्वारा काम हो	करण
के लिए	जिसके लिए काम हो	सम्प्रदान
से	जिससे कोई वस्तु अलग हो	अपादान
का, के, की	जो किसी से सम्बन्ध बताए	सम्बन्ध
में, पर	जो काम करने का आधार या स्थान हो	अधिकरण
हे, अरे	जिसे सम्बोधन किया (पुकारा) जाए	सम्बोधन

ध्यान रहे––कर्त्ता के साथ कहीं-कहीं 'ने' नहीं भी लगता है। जैसे—

मैं पढ़ता हूँ। ललिता खाना खाती है। हिमालय ऊँचा है। रमेश तेज भागता है। वह पास होगा। तुम कल आना।

कक्षा का काम

१. नीचे लिखे वाक्यों में मोटे टाइप के शब्दों में

कौन-सा कारक आता है ?

रमा ने पाठ पढ़ा (कर्त्ता कारक)

बच्चो ! आओ हिन्दी पढ़ लो (... ...)

कारक **किसको** कहते हैं ? (... ...)

बालिका फूल को देखती है । (... ...)

सब लड़के **कलम से** लिखें । (... ...)

सब के लिए चाय लाओ । (... ...)

पेड़ से पत्ते गिरते हैं । (... ...)

अशोक की माताजी आई हैं । (... ...)

तुम **कमरे में** बैठो । (... ...)

छत पर कौन है ? (... ...)

लड़को ! पाठ को ध्यान से सुनो । (... ...)

चाकू से **सब्जी** काटो । (... ...)

वह क्या पढ़ेगा ? (... ...)

जेब से रुपये गिर गए । (... ...)

२. सब कारकों के नाम लिखो । हर एक कारक के सामने उसकी विभक्ति लिखो ।

पाठ—१५

क्रिया के काल

घोड़े दौड़ गये। बालक खड़े हैं। लड़कियाँ दौड़ेंगी।

भूतकाल **वर्तमान काल** **भविष्यत् काल**

जो काम बीते समय में हो चुका हो उसे भूतकाल कहते हैं।

जैसे—घोड़े दौड़ गये। कल वर्षा हुई थी। यह पाठ हम पढ़ चुके थे।

जो काम इस समय हो रहा है उसे वर्तमान काल कहते हैं।

जैसे—लड़का पढ़ रहा है। बालिका खेलती है। हिमालय पर्वत ऊँचा है।

जो काम आने वाले समय में होगा, उसे भविष्यत् काल कहते हैं।

जैसे—लड़का पढ़ेगा। बालिका खेलेगी। मैं उत्तीर्ण होऊँगा। वह कक्षा में प्रथम आएगी।

कक्षा का काम

१. नीचे लिखे वाक्यों में उनका काल लिखो—

वह कल जाएगा । (भविष्यत् काल)

तुमने क्या कहा था ? (... ... ...)

वह क्या कर रहा है ? (... ... ...)

तुम्हें कब अक्ल आएगी (... ... ...)

२. वर्तमान, भूत तथा भविष्यत्काल की परिभाषाएँ लिखकर एक-एक उदाहरण दीजिए ।

पाठ—१६

क्रिया-विशेषण

इन वाक्यों को पढ़िए—

अशोक **कल** आएगा ।	तुम मेरे **पास** बैठो ।
लंगड़ा **धीरे-धीरे** चलता है ।	घोड़ा **तेज़** दौड़ता है ।
अँधेरी रात में **कम** दिखाई देता है ।	मुझे **अधिक** चलना पड़ा ।

'कल' शब्द आने की विशेषता बताता है ।

यह 'कब' का उत्तर है ।

'पास' शब्द बैठने की विशेषता बताता है ।

यह 'कहाँ' का उत्तर है ।

'धीरे-धीरे' चलने की विशेषता बताता है ।

यह 'रीति' का उत्तर है ।

'तेज' दौड़ने की विशेषता बताता है ।

यह भी 'रीति' का उत्तर है ।

'कम' दिखाई देने की विशेषता बताता है ।

यह 'परिमाण' का उत्तर है ।

हमने जाना—जो शब्द क्रिया की विशेषता बताएँ, वे क्रिया-विशेषण कहलाते हैं ।

क्रिया-विशेषण चार प्रकार के हैं—इसका अर्थ यह है कि क्रिया की विशेषता चार प्रकार के शब्दों से बताई जा सकती है—काल, स्थान, परिमाण (नाप-तोल) और रीति या ढंग बताकर ।

१. कालवाचक क्रिया-विशेषण

अब, कब, तब, आज, कल, परसों, पीछे, पहले, बाद, पूर्व, सदा, हमेशा, निरन्तर, लगातार, बराबर, बहुधा, प्रायः, शीघ्र, दिनभर, प्रतिदिन, हर रोज, देर में, प्रातः, सायं, साँझ-सवेरे इत्यादि ।

२. स्थानवाचक क्रिया-विशेषण

दूर, निकट, पास, सर्वत्र, भीतर, बाहर, यहाँ, वहाँ, कहाँ, जहाँ, ऊपर, नीचे, तले, सामने, पीछे, इधर, उधर, किधर, जिधर, पार, अलग, दायें. बायें इत्यादि ।

३. परिमाणवाचक क्रिया-विशेषण

काफी, बहुत, खूब, पर्याप्त, अति, अत्यन्त, कम, कुछ, जरा, अधिक, ज्यादा, बूँद-बूँद, थोड़ा-थोड़ा इत्यादि ।

४. रीतिवाचक क्रिया-विशेषण

धीरे-धीरे, तेज-तेज, अचानक, अकस्मात्, एकाएक, सहसा, शान्तिपूर्वक, बेचैनी से, चैन से, ध्यान से, एकाग्रता से इत्यादि ।

कक्षा का काम

१. नीचे लिखे वाक्यों में जो क्रिया-विशेषण हैं उनके नीचे लकीर (रेखा) खींचो—

(क) साफ-साफ बताओ कि रसगुल्ले किसने खाए हैं ।

(ख) लगातार व्यायाम न करो, थक जाओगे ।

(ग) बच्चा एकाएक चिल्ला पड़ा ।

(घ) तुम आगे-आगे चलो, मैं पीछे-पीछे चलूँगा ।

(ङ) खाते हुए चलना ठीक नहीं ।

२. क्रिया-विशेषण के भेद (प्रकार) लिखकर एक-एक उदाहरण दीजिए ।

पाठ—१७

सम्बन्धबोधक

पढ़िए–

(क) लक्ष्मण राम के **साथ** गया ।

(ख) साँस लिये **बिना** हम जी नहीं सकते ।

(ग) वह तुमसे **पहले** नहीं आ सकता ।

(घ) ग्राऊंड के **बाहर** मत जाओ ।

(ङ) अतुल बम्बई किसके **साथ** गया है ?

(च) मधु प्रधानाचार्या के **साथ** गयी है ।

(छ) भारत के दक्षिण **की ओर** श्री लंका देश है।

(ज) गर्मी **के मारे** जान निकल रही है ।

ऊपर–साथ, बिना, पहले, बाहर, साथ, की ओर, के मारे—ये शब्द वाक्य में आये दूसरे शब्दों का आपस में सम्बन्ध बतला रहे हैं । इन्हें सम्बन्धबोधक कहते हैं ।

हमने जाना—जो शब्द वाक्य में किसी संज्ञा या सर्वनाम का किसी अन्य संज्ञा या सर्वनाम से सम्बन्ध बतलाएं, वे सम्बन्धबोधक कहलाते हैं ।

उदाहरण—

१. पुल **पर** गाड़ी जा रही है ।

२. छत के **ऊपर** बैठो ।

३. धूप में घर से **बाहर** आ जाओ ।

४. अनिल के **पीछे** अतुल खड़ा है ।

ऊपर के वाक्यों में पर, ऊपर, बाहर, पीछे—ये सम्बन्धबोधक हैं ।

ध्यान रहे—

यदि पर, ऊपर आदि शब्दों का सीधा सम्बन्ध क्रिया से हो तो ये क्रिया-विशेषण कहलाते हैं, परन्तु जब इनका सीधा सम्बन्ध संज्ञा या सर्वनाम से हो तो इन्हें सम्बन्धबोधक कहते हैं । नीचे लिखे उदाहरण देखिए—

क्रिया-विशेषण	सम्बन्धबोधक
छत के **ऊपर** बैठो ।	**ऊपर बैठो ।**
मोहन **पीछे** खड़ा है ।	मोहन सोहन के **पीछे** खड़ा है ।
आगे आओ ।	मुझसे **आगे** खड़े हो जाओ ।
पास आओ	मेरे **पास** आओ ।
नीचे गिरा	पुल के **नीचे** गिरा ।

कक्षा का काम

१. भीतर, समीप, समेत, तले, बाहर—इन सम्बन्ध बोधक शब्दों में से चुनकर ठीक स्थान में लिखो—

मेरे……आओ। दीपक तले…।

मकान के……जाओ। कमला पुत्री के……भाई

मकान से……आओ।

२. नीचे लिखे वाक्यों में सम्बन्धबोधक शब्दों के नीचे लकीर (रेखा) खींचिए—

(क) कुर्सी के ऊपर बैठो।

(ख) प्लेटफार्म पर गाड़ी आ गई।

(ग) वृक्ष की छाया में आराम करो।

(घ) कमला सीता के पास पढ़ती है।

(ङ) तुम मुझसे आगे नहीं निकल सकते।

३. नीचे लिखे सम्बन्धबोधकों का प्रयोग करके अपने वाक्य बनाइए—सामने, साथ, समान, की ओर, के बिना।

पाठ—१८

समुच्चयबोधक

नीचे लिखे वाक्यों को पढ़िए—

(i) लता **तथा** कान्ता आई हैं।
लता **और** कान्ता आई हैं।
लता **एवं** कान्ता आई हैं।

(ii) लता आई थी, **पर** चली गई।
लता आई थी; **परन्तु** चली गई।
लता आई थी, **किन्तु** चली गई।
लता आई थी **मगर** चली गई।

(iii) **या** लता आएगी **या** कान्ता।
लता आएगी **या** कान्ता।
लता आएगी **अथवा** कान्ता।

(iv) **न** लता आएगी, **न** कान्ता।
न तो लता आएगी न कान्ता।
लता आएगी **नहीं तो** कान्ता आएगी।
लता आएगी, **न कि** कान्ता।

(v) लता आई **अतः** कान्ता चली गई ।
लता आ गई **सो** कान्ता चली गई ।
लता आ गई **इसलिए** कान्ता चली गई ।
लता आ गई **अतएव** कान्ता चली गई ।

(vi) लता चली गई **क्योंकि** कान्ता ने बुलाया था ।
लता ही नहीं **बल्कि** कान्ता भी शिमला जाएगी ।

(vii) परिश्रम करो, **नहीं तो** फेल हो जाओगे ।

(viii) **चाहे** रेल गाड़ी से जाओ **चाहे** हवाई जहाज से ।

समुच्चयबोधक **अर्थात्** संयोजक शब्द दो शब्दों या वाक्यों को आपस में जोड़ते हैं ।

हमने जाना—जो शब्द दो शब्दों या वाक्यों को आपस में जोड़ते हैं, वे समुच्चयबोधक कहलाते हैं ।

समुच्चयबोधक के प्रकार

समुच्चयबोधक तीन प्रकार के होते हैं—

संयोजक—और, तथा, एवं, व, आदि ।

विभाजक—परन्तु, किन्तु, मगर, क्योंकि, ताकि, इसलिए ।

विकल्प सूचक—या, अथवा, या…या, न तो…न, न कि ।

कक्षा का काम

१. निम्नलिखित वाक्यों में जो **संयोजक** हो उसके सामने (सं०) लिखिए, जो विभाजक हो उसके सामने (वि०) लिखिए और जो विकल्प सूचक हो उसके सामने (विक०) लिखिए—

(१) राम और श्याम मित्र हैं। (सं०)

(२) यह घड़ी मेरी है या तुम्हारी ? (……)

(३) यदि वर्षा होगी तो खूब होगी। (……)

(४) चाहे छोटा हो या बड़ा, सबका सम्मान करो। (……)

(५) यदि तुमने परिश्रम न किया तो फेल हो जाओगे। (……)

२. तीन संयोजक, तीन विभाजक तथा तीन सूचक शब्द लिखिए।

पाठ—१६

विस्मयादिबोधक

ओह ! तुम पेड़ पर चढ़ गए ! (विस्मय=आश्चर्य)

आह ! लता ने कैसा गाना गाया ! (हर्ष=खुशी)

शाबाश ! तुमने दौड़ जीत ली ! (प्रशंसा=तारीफ)

हाय ! हमारा कुत्ता मोटर के नीचे
आ गया ! (वेदना=दुःख)

अच्छा ! तुम्हीं यह काम करो। (स्वीकृति=मंजूरी)

छिः ! झूठ बोलते तुम्हें शर्म भी
नहीं आती ! (तिरस्कार=अनादर)

हमने जाना—जो शब्द विस्मय, हर्ष, शोक, लज्जा, ग्लानि, घृणा, क्रोध आदि मन के भावों का बोध कराते हैं, वे विस्मयादिबोधक कहलाते हैं।

कुछ अन्य विस्मयादिबोधक शब्द—

अहा !, वाह !, हाय माँ !, दैया रे !, बाप रे !, वाह-वाह !, हाय रे !, हे ईश्वर !, हिश्, धत्, चल हट, दूर हो, अहाहा !, दीर्घायु होओ !, हे राम !,

कक्षा का काम

१. नीचे लिखे वाक्यों में जो शब्द विस्मयादिबोधक हैं, उनके नीचे लकीर (रेखा) खींचिए—

(१) अहा ! कितना सुन्दर फूल है !

(२) वाह ! तुम कक्षा में प्रथम आ गए ?

(३) कितना सुन्दर गाना था आहा !

(४) दर्द के मारे मरा हाय !

(५) तुमने बाढ़पीड़ितों की सेवा की धन्य धन्य !

२. खाली स्थानों में ठीक-ठीक विस्मयादिबोधक शब्द भरिए—

(क) ……!

(ख)……! समुद्री तूफान में कई गाँव नष्ट हो गए !

(ग)……! इतनी निर्दयता !

(घ)……! शास्त्री जी चल बसे ।

(ङ)……! आगे बढ़ते जाओ ।

पाठ—२०

उपसर्ग

नीचे लिखे शब्दों को देखिए—

हार—प्रहार	पुत्र—सुपुत्र
चाल—कुचाल	जय—पराजय
मान—अपमान	गुण—अवगुण

ऊपर लिखे शब्दों को पढ़कर हमें पता चलता है कि शब्दों से पूर्व कुछ शब्दांश लगाए जाते हैं, जिससे शब्दों का अर्थ बदल जाता है। ये शब्दांश उपसर्ग कहलाते हैं। जैसे—-हार—-प्र+हार।

हमने जाना—जो शब्दांश शब्दों से पूर्व जुड़कर उनके अर्थ में परिवर्तन ला देते हैं वे उपसर्ग कहलाते हैं।

जैसे—-

प्र+हार=प्रहार (वार, मार)। आ+हार=आहार (भोजन)।

सम्+हार=संहार (हत्या)। वि+हार=विहार (घूमना)।

परि+हार=परिहार (त्याग)।

हिन्दी के कई उपसर्ग लगाकर नये शब्दों की रचना की जाती है। इसके सिवा संस्कृत और उर्दू के उपसर्ग लगाकर भी नये शब्द बनाये जाते हैं।

हिन्दी उपसर्ग

अ—अचेत। औ—औगुन। भर—भरपूर। सु—सुपूत। कु—कुचाल। अध—अधपका। अन—अनबन।

संस्कृत उपसर्ग

प्र—प्रबल। परा—पराजय। अप—अपमान। अनु—अनुकूल। सम्—सम्बन्ध। अव—अवगुण। निस्—निश्चल। निर्—निराधार। दुस्—दुष्कर्म। वि—विदेश। अभि—अभिप्राय। आ—आजीवन। अधि—अधिकार। नि—निषेध। अति—अत्यधिक। सु—सुपुत्र। उत्—उत्कर्ष। प्रति—प्रतिकूल। परि—परिक्रमा। उप—उपमंत्री। अधः—अधःपतन। पुनर्—पुनर्जन्म।

उर्दू उपसर्ग

सर—सरताज। ना—नासमझ। बे—बेकार। ला—लाइलाज। गैर—गैरसरकारी। बा—बाकायदा।

बद—बदनाम । खुश—खुशबू । हम—हमवतन ।

कक्षा का काम

१. उपसर्ग किसे कहते हैं ? एक उदाहरण लिखो ।

२. ऊपर जो संस्कृत उपसर्ग वाले शब्द लिखे हैं, उनके अर्थ लिखो ।

३. ऊपर जो उर्दू उपसर्ग वाले शब्द लिखे हैं उनके अर्थ लिखो ।

पाठ—३१

समानदर्शी भिन्नार्थक शब्द

घटा—समूह

घाटा—हानि

अपेक्षा—बजाय

उपेक्षा—अनादर

उद्धत—उद्दंड (दुष्ट)

उद्यत—तैयार

कुल—वंश

कूल—तट (किनारा)

वसन—कपड़ा

व्यसन—बुरी लत

शुल्क—फीस

शुक्ल—सफेद

चरम—अन्तिम

चर्म—चमड़ा

अचार—खटाई

आचार—चरित्र

अंश—हिस्सा (भाग)

अंस—कंधा

कटक—सेना

कंटक—काँटा

चिर—देर

चीर—वस्त्र

डाल—टहनी

ढाल—तलवार से बचने का औजार

अनिल—वायु

अनल—आग

आवास—निवास

आभास—झलक

अभय—निडर	कोरा—जो प्रयोग नहीं हुआ
उभय—दोनों	कोड़ा—चाबुक
नीर—जल	ज्वर—बुखार
नीड़—घोंसला	ज्वार—सागर की लहर का तूफान
प्रवाह—बहाव	धन—दौलत
प्रभाव—असर	धन्य—सराहनीय
प्रभूति—उत्पत्ति	प्रणाम—नमस्कार
प्रभृति—इत्यादि	प्रमाण—सबूत
प्रसाद—कृपा, प्रसन्नता	समान—जैसा, बराबर
प्रासाद—महल	सामान—वस्तुएँ

कक्षा का काम

१. नीचे लिखे वाक्यों के रिक्त स्थानों में उचित शब्द चुनकर भरिए—

(क) यह ... हनुमान मंदिर से लाया हूँ । (प्रासाद/प्रसाद)

(ख) वह तुम्हारी ... अधिक तेज है । (अपेक्षा/उपेक्षा)

(ग) तुम्हारा जन्म किस ... में हुआ ? (कूल/कुल)

(घ) पुरवाई चली और बादलों की ... उमड़ आई । (घटा/घाटा)

(ङ) घोड़ा ऐसे नहीं चलेगा जरा (कोरा/कोड़ा)
इसे ... लगाओ।

२. नीचे लिखे शब्द-जोड़ों के अर्थ स्पष्ट कीजिए–

अनल—अनिल समान—सामान

कटक—कंटक डाल—ढाल

पाठ—२२

विराम-चिन्ह

विराम चिह्न—बोलते या लिखते समय कहीं-कहीं थोड़ा-बहुत ठहरना पड़ता है। इसी रुकने आदि के चिह्न विराम-चिह्न कहे जाते हैं।

मुख्य विराम-चिह्न आठ हैं—

१. **अल्प-विराम**—थोड़ा ठहराव बताने के लिए अल्प विराम का चिह्न (,) लगाया जाता है। जैसे—राम, सीता और लक्ष्मण वन को चले।

२. **अर्द्ध विराम**—जहाँ अल्प विराम से कुछ अधिक ठहराव प्रकट करना हो, वहाँ अर्द्ध विराम (;) लगाया जाता है। जैसे—वह आया; पर चला गया।

३. **पूर्ण विराम**—वाक्य समाप्त होने पर पूर्ण विराम (।) लगाया जाता है। जैसे—पिताजी ने कहा—बेटा, परिश्रम कर लो, नहीं तो फेल हो जाओगे।

४. **प्रश्नसूचक**—जब कोई वाक्य प्रश्नवाचक हो तो उसके अन्त में प्रश्नसूचक (?) चिह्न लगाया जाता है। जैसे—तुम कहाँ जा रहे हो ?

५. **विस्मयादिबोधक**—जहाँ आश्चर्य, हर्ष, शोक, दुःख, घृणा आदि मन के भाव प्रकट करने हों, वहाँ वाक्य के अन्त में विस्मयादिबोधक (!) लगाया जाता है। जैसे—अहा! तुम परीक्षा में पास हो गए !

६. **उद्धरण चिह्न**—किसी के कथन को ज्यों का त्यों रखने के लिए उद्धरण चिह्न (" ") लगाया जाता है। जैसे—गांधी ने कहा था—"मैं अहिंसा से ही स्वराज्य लूँगा।"

७. **योजक**—शब्दों को जोड़ने के लिए योजक (-) का प्रयोग होता है। जैसे—मनुष्य को गुण-दोष पर विचार करना चाहिए।

८. **निर्देशक**—बोलने वाले ने क्या कहा इससे पहले निर्देशक चिह्न (—) लगाया जाता है। जैसे—लव—यह घोड़ा हम नहीं छोड़ेंगे।

कक्षा का काम

१. निम्नलिखित वाक्यों में ठीक-ठीक विराम-

चिह्न लगाइए—

(क) पिताजी ! दफ्तर में ? टाइप का "काम" करते हैं।

शुद्ध—पिताजी दफ्तर में टाइप का काम करते हैं।

(ख) हरी "ने कहा" हिप-हिप हुर्रा।

शुद्ध—...

(ग) क्या तुम सच बोलते हो।

शुद्ध—.......................................

(घ) अरे आप मेले में नहीं गए।

शुद्ध—..

(ङ) कुत्ता। बिल्ली। मुर्गा और कबूतर बैठे हैं।

शुद्ध—..

(च) डब्बू—बहुत चिल्लाया ?

शुद्ध—....................................

(छ) होली ? बड़ा त्यौहार है।

शुद्ध—.....................................

पाठ—२३

विपरीतार्थक

जो शब्द बिल्कुल विरुद्ध अर्थ बताएँ वे विपरीतार्थक कहलाते हैं। उदाहरण—

नम्रता	×	कठोरता	झटपट	×	धीरे-धीरे
मधुर	×	कटु	सुखी	×	दुःखी
बहुत	×	कम	विद्या	×	अविद्या
सभ्यता	×	असभ्यता	कठोर	×	कोमल
रात	×	दिन	आदर	×	अनादर
गुण	×	दोष	नौकर	×	मालिक
नहीं	×	हाँ	जन्म	×	मृत्यु
बाद	×	पहले	प्यार	×	वैर
निन्दा	×	प्रशंसा	आशीर्वाद	×	शाप
हर्ष	×	शोक	गुरु	×	शिष्य
सच	×	झूठ	योग्य	×	अयोग्य
सुख	×	दुःख	गरम	×	ठंडा
अमृत	×	विष	राजा	×	प्रजा

भली	×	बुरी	कृतज्ञ	×	कृतघ्न
बुद्धिमान्	×	मूर्ख	अच्छा	×	बुरा
दया	×	निर्दयता	पवित्र	×	अपवित्र
आरम्भ	×	अन्त	हँसता	×	रोता
गरीब	×	अमीर	पाप	×	पुण्य
धनी	×	निर्धन	सुन्दर	×	कुरूप
बेवकूफ	×	अक्लमंद	आयात	×	निर्यात
उत्तीर्ण	×	अनुत्तीर्ण	साधारण	×	विशेष
क्रोध	×	प्रसन्नता	ग्राम	×	नगर
यश	×	अपयश	सन्नाटा	×	कोलाहल
दण्ड	×	पुरस्कार	कठिन	×	सरल
धर्म	×	अधर्म	आधुनिक	×	प्राचीन
उचित	×	अनुचित	आशा	×	निराशा
सुगन्ध	×	दुर्गन्ध	न्याय	×	अन्याय
दुर्भाग्य	×	सौभाग्य	निर्धन	×	धनवान
कच्ची	×	पक्की	निडर	×	डरपोक
साहसी	×	डरपोक	स्वीकार	×	अस्वीकार
स्वदेशी	×	विदेशी	हिंसा	×	अहिंसा
दुर्जन	×	सज्जन	हित	×	अनहित

कक्षा का काम

नीचे लिखे शब्दों के विपरीतार्थक लिखिए—

प्रशंसा—	......	झूठ—	......
बुद्धिमत्ता—	......	धर्म—	......
धनी—	......	हर्ष—	......

पाठ २४

समानार्थक (पर्यायवाची) शब्द

अग्नि—आग, अनल, पावक, वह्नि, वैश्वानर

अतिथि—अभ्यागत, मेहमान, आगन्तुक ।

आकाश—गगन, नभ, अम्बर, व्योम, अन्तरिक्ष ।

इच्छा—मनोरथ, अभिलाषा, कामना, लालसा, आकांक्षा।

ईश्वर—प्रभु, भगवान्, परमात्मा, जगदीश, परमेश्वर ।

कमल—जलज, नीरज, अम्बुज, पंकज, अरविन्द ।

गंगा—भागीरथी, जाह्नवी, मन्दाकिनी, सुरनदी, सुरसरि ।

घर—गृह, सदन, निकेतन, गेह, भवन ।

चन्द्रमा—विधु, इन्दु, निशाकर, निशापति, नक्षत्रपति ।

पति—स्वामी, नाथ, वर, भर्ता, दयित ।

पर्वत—भूधर, महीधर, नग, अचल, पहाड़ ।

पत्नी—अर्धांगिनी, भार्या, दयिता, जाया, प्रेयसी ।

पृथ्वी—पृथिवी, भू, धरा, वसुधा, मही, भूमि ।

पानी—जल, नीर, सलिल, वारि, अम्बु ।

फूल—पुष्प, प्रसून, कुसुम, सुमन ।

बादल—जलद, जलधर, नीरद, अम्बुद, मेघ ।

राजा—भूपति, भूप, महीप, महीधर, नृप ।

रात्रि—रात, निशा, यामिनी, रजनी, शर्वरी ।

वन—विपिन, जंगल, कानन, अटवी, अरण्य ।

शरीर—देह, तनु, तन, कलेवर ।

शत्रु—अरि, दुश्मन, रिपु, वैरी, विपक्षी ।

सिंह—वनराज, वनपति, पशुपति, मृगराज, केसरी, शेर ।

समुद्र—जलधि, नीरधि, अम्बुधि, सागर, सिन्धु ।

सूर्य—दिनेश, दिनकर, भानु, रवि, सविता ।

सेना—दल, सैन्य, चमू, अनीकिनी, वाहिनी ।

स्त्री—महिला, औरत, नारी, वनिता, अबला ।

हवा—वायु, अनिल, पवन, मरुत् ।

कक्षा का काम

नीचे लिखे शब्दों के जितने पर्यायवाची स्मरण हों, लिखिए—

घर—

मित्र—

फूल—

पानी—

हवा—

पाठ—२५

अनेक शब्दों के लिए एक शब्द

जिसका भाग्य अच्छा हो	—	**भाग्यवान**
जिसका भाग्य खराब हो	—	**अभागा**
जिसके माँ-बाप न हों	—	**अनाथ**
जो पढ़ा-लिखा न हो	—	**अनपढ़**
जो शिक्षा पाया हुआ हो	—	**शिक्षित**
जो दिखाई न दे	—	**अदृश्य**
जिसका अन्त न हो	—	**अनन्त**
जिसका पार न हो	—	**अपार**
जिसमें धीरज न हो	—	**अधीर**
जो प्रतिदिन (हर रोज) आए	—	**दैनिक**
जो सप्ताह में एक बार आए	—	**साप्ताहिक**
जो मास (महीने) में एक बार आए	—	**मासिक**
जो वर्ष में एक बार आए	—	**वार्षिक**
जिसके समान द्वितीय (दूसरा) न हो	—	**अद्वितीय**
जो सब कुछ जानता हो	—	**सर्वज्ञ**

जिसे अनुभव हो — अनुभवी
जिस भूमि में खूब उपज हो — उपजाऊ
जिस भूमि में उपज न हो — ऊसर
जो किये हुए उपकार को माने — कृतज्ञ
जो किये हुए उपकार को न माने — कृतघ्न
जो काम से जी चुराए — कामचोर
जिसमें रस न हो — नीरस
जिसमें रस हो — सरस
जिसे भय न हो — निर्भय
जो बहुत डरता हो — डरपोक
जो दूसरों का उपकार (भला) करे — परोपकारी
जो बहुत-से रूप बनाये — बहुरूपिया
भारत का — भारतीय
नीचे लिखा हुआ — निम्नलिखित
ऊपर कहा हुआ — उपर्युक्त
जिसे ज्ञान हो — ज्ञानी
जिसे ज्ञान न हो — अज्ञानी
सौ वर्षों का समूह — शताब्दी
जो फल खाकर रहे — फलाहारी
जिसके नीचे लकीर हो — रेखांकित

कक्षा का काम

१. नीचे लिखे शब्दों के लिए अनेक शब्द लिखो, जिससे इनका अर्थ साफ हो जाए—

अनाथ..............। अनन्त..............

दैनिक..............। अद्वितीय..............

उपजाऊ............। परोपकारी............

२. नीचे लिखे अनेक शब्दों के स्थान पर एक-एक शब्द लिखो—

जिसमें रस न हो............ भारत का............

जो किये हुए उपकार को न माने.........

नीचे लिखा हुआ.........

पाठ—२६

मुहावरे

रात-दिन बोलचाल में मुहावरों का प्रयोग होता है अतः उनकी जानकारी के लिए कुछ मुहावरे नीचे दिये जाते हैं—

१, **दाँत खट्टे करना**—(हराना)

प्रयोग—छत्रपति शिवाजी ने औरंगजेब के दाँत खट्टे कर दिए।

२. **हाथ मलना**—(पछताना)

प्रयोग—अवसर चूक जाने पर हाथ मलना पड़ता है।

३. **चूड़ियां पहनना**—(कायर बनना)

प्रयोग—यदि वीरों की तरह युद्धभूमि में नहीं लड़ सकते तो चूड़ियाँ पहनकर बैठ जाओ।

४. **कान भरना**—(शिकायत करना)

प्रयोग—वह मेरे विरुद्ध गुरुजी के कान भरता है।

५. **डींग मारना**—(अपने मुँह अपनी बड़ाई करना)

प्रयोग—मोहन जितनी डींग मारता है उतना काम नहीं करता।

६. **नाक रखना**—(मान रखना)

प्रयोग—परीक्षा में प्रथम श्रेणी लेकर कैलाश ने स्कूल की नाक रख ली।

७. **आग-बबूला होना**—(गुस्सा होना)

प्रयोग—लड़के को नकल करते देखकर गुरुजी आग बबूला हो गए।

८. **आँख लगना**—(सो जाना)

प्रयोग—मैं रात को पुस्तक लेकर बैठा था कि आँख लग गई।

९. **सिर चढ़ाना**—(अधिक लाड़ लड़ाना)

प्रयोग—सिर चढ़ाने का परिणाम यह होता है कि लड़के बिगड़ जाते हैं।

१०. **गाँठ बाँधना** (याद रखना)

प्रयोग—अच्छे लड़के अपने बड़ों की शिक्षा को गाँठ बाँध लेते हैं।

११. **आना-कानी करना**—(न करने के लिए बहाना करना)

प्रयोग—मैं उससे जब पुस्तक माँगने लगा तो वह आना-कानी करने लगा।

१२. **दाँत फाड़ना**—(हँसना)

प्रयोग—हर समय दाँत फाड़ना उचित नहीं।

१३. **पीठ दिखाना**—(भाग जाना)

प्रयोग—सच्चा वीर युद्धभूमि में अपनी पीठ नहीं दिखाता।

१४. **खोपड़ी भिनभिनाना**—(तंग आना)

प्रयोग—बच्चों का शोर सुनकर मेरी खोपड़ी भिनभिना उठी।

१५. **मुँह में पानी भर आना**—(खाने को जी करना)

प्रयोग—हलवाई की दुकान पर गुलाबजामुन देख मोहन के मुँह में पानी भर आया।

१६. **पैर चूमना**—(खुशामद करना)।

प्रयोग—हर समय किसी के पैर चूमना ठीक नहीं।

१७. **नो-दो ग्यारह होना**—(भागना)

प्रयोग—पुलिस को आते देख चोर नौ-दो ग्यारह हो गये।

१८. **मन हारना**—(हिम्मत हारना)

प्रयोग—मन हारना कायरता की निशानी है।

कक्षा का काम

१. इन मुहावरों का अर्थ बताइए—

(१) दांत खट्टे करना।

(२) डींग मारना।

(३) आग-बबूला होना।

(४) पीठ दिखाना।

२. नीचे कुछ मुहावरे और उनके अर्थ दिए हुए हैं, उन्हें अपने वाक्यों में प्रयुक्त कीजिए—

(१) आँखों से गिरना—अपमानित होना।

(२) आँख दिखाना—धमकाना।

(३) ईद का चाँद होना—बहुत दिन बाद दिखाई देना।

(४) उन्नीस-बीस होना–थोड़ा अन्तर होना ।

(५) खाक छानना–मारा-मारा फिरना ।

(६) गाँठ बाँधना–अच्छी तरह याद रखना !

(७) टका-सा जवाब देना–कोरा जवाब देना ।

(८) टेढ़ी खीर–कठिन काम ।

(९) नौ-दो ग्यारह होना---भाग जाना ।

(१०) पत्थर की लकीर होना---पक्की बात ।

(११) पौ बारह होना---खूब लाभ होना ।

पाठ—२७

लोकोक्तियाँ

१. **थोथा चना बाजे घना**—दिखावा बहुत करना परन्तु सार न होता।

२. **दूर के ढोल सुहावने**—किसी वस्तु से जब तक परिचय न हो तब तक ही अच्छी लगती है।

३. **नदी में रहकर मगरमच्छ से वैर**—आश्रय देने वाले से ही शत्रुता करना।

४. **बाप बड़ा न भैया सबसे बड़ा रुपैया**—रुपये वाला ही ऊँचा समझा जाता है।

५. **भेड़ जहाँ जायेगी, वहीं मुँडेगी**—सीधे-साधे व्यक्ति को सब लोग ठगते हैं।

६. **लकड़ी जल गई पर बल नहीं गया**—बरबाद हो गया, पर घमंड अभी तक नहीं गया।

७. **अपने बेरों को कोई खट्टा नहीं बताता**—अपनी वस्तु को कोई बुरी नहीं बताता।

८. **अपने मुँह मिया मिट्ठू**—अपने मुँह अपनी प्रशंसा करना ।

९. **अन्त भले का भला**—अच्छे आदमी की अन्त में भलाई होती है ।

१०. **अन्धे के हाथ बटेर**—अयोग्य व्यक्ति को कोई अच्छी वस्तु मिल जाना ।

११. **अन्धों में काना राजा**—मूर्ख मण्डली में थोड़ा पढ़ा-लिखा भी विद्वान् और ज्ञानी माना जाता है ।

१२. **अक्ल बड़ी या भैंस**—शारीरिक बल से बुद्धि बड़ी है ।

१३. **अपनी-अपनी ढपली अपना-अपना राग**—सबका अलग-अलग रंग-ढंग होना ।

१४. **अपनी करनी पार उतरनी**—अपने ही कर्मों का फल मिलता है ।

१५. **अब पछताये होत क्या ज़ब चिड़ियाँ चुग गईं खेत**—समय बीत जाने पर पछताने का क्या लाभ ?

१६. **आँख का अन्धा नाम नैनसुख**—नाम अच्छा पर काम कुछ नहीं ।

१७. **आगे कुआँ पीछे खाई**—सब ओर आपत्ति ।

१८. **ग्रा बैल मुझे मार**—जान-बूझकर आपत्ति मोल लेना ।

१६. **ग्राम खाने हैं या पेड़ गिनने**—काम की बात करनी चाहिये, व्यर्थ की बातों से कोई लाभ नहीं ?

२०. **ग्रंधेरे घर का उजाला**—घर का अकेला, लाड़ला और सुन्दर पुत्र ।

२१. **ग्रोखली में सिर दिया तो मूसलो से क्या डर**—जब कठिन काम के लिए कमर कस ली तो कठिनाइयों से क्या डरना ।

२२. **ग्रपना उल्लू सीधा करना**—अपना स्वार्थ सिद्ध करना ।

२३. **उल्टा चोर कोतवाल को डांटे**—अपराधी अपने अपराध को स्वीकार करता नहीं, उल्टा पूछने वाले को धमकाता है ।

२४. **ऊँची दुकान फीका पकवान**—सज-धज बहुत, चीज खराब ।

२५. **एक पंथ दो काज**—आम के आम गुठलियों के दाम—एक कार्य से बहुत से कार्य सिद्ध होना ।

२६. **एक मछली सारे तालाब को गन्दा कर देती है**—

एक बुरा व्यक्ति सारे कुटुम्ब, समाज या साथियों को बुरा बनाता है ।

२७. **काठ की हांडी एक बार ही चढ़ती है**—छल-कपट से एक बार तो काम बन जाता है, पर सदा नहीं ।

लोकोक्तियों का वाक्यों में प्रयोग

लोकोक्ति क्या है ? लोकोक्ति एक ऐसा वाक्य है जो जनता में प्रसिद्ध है । सबके मुँह चढ़ा होता है । इसमें जनता के अनुभव का निचोड़ या सार होता है । यहाँ एक लोकोक्ति का प्रयोग दिखाया जाता है—गंगा गये तो गंगादास, जमुना गए तो जमुनादस; अर्थात् कच्चे विचारों का मनुष्य ।

प्रयोग—अजी रमेश की बात क्या पूछते हो, कभी वह मोहन का मित्र बन जाता है और कभी सोहन का; वह तो गंगा गये तो गंगादास, जमुना गये तो जमुनादास है ।

कक्षा का काम

१. नीचे लिखी लोकोक्तियों के अर्थ बताइए—

(क) अन्धों में काना राजा ।

(ख) अपने मुँह मियाँ मिट्ठू होना ।

(ग) एक पंथ दो काज ।

(घ) आगे कुआँ पीछे खाई ।

२. इन लोकोक्तियों का अपने वाक्यों में प्रयोग कीजिए—

(क) अन्धे के हाथ बटेर लगना ।

(ख) अकल बड़ी या भैंस ।

(ग) आ बैल मुझे मार ।

(घ) एक पंथ दो काज ।